三國志

이희재 삼국지

4

관도에서 갈린 운명

Humanist

작가의 말

《삼국지》에는 숱한 이야기의 물줄기가 흘러갑니다. 잔잔한 수면 위에 파동이 일기도 하고, 장대비가 내리치며 홍수가 이는가 하면, 거센 파도가 밀려와 평온한 마을을 덮치기도 합니다. 사람과 사람, 세력과 세력이 맞물리고 부딪치며 대륙을 질러가고, 산과 들을 굽이돌아 흐르며 천지를 뒤흔듭니다. 1800여 년 전, 고대 중국에서 구름처럼 일었던 인물들의 이야기입니다.

천지가 요동쳐도 흔들림이 없는 관우, 감정에 충실한 용맹의 사나이 장비, 인의의 뜻을 따르며 어질기 그지없는 유비, 이상을 품고 초막에 누워 있다 유비를 따라나선 풍운의 지략가 제갈공명, 사람을 버리고 얻는 데 실리를 좇으며 천하 제패에 다가서는 조조, 무도한 행동으로 배신의 대명사가 된 여포, 그 밖에도 손권·주유·원소·공손찬·조자룡·태사자·방통·황충·마초·강유·사마의 등등…. 실로 수백수천의 영웅호걸들이 활개를 칩니다. 어떤 이는 힘과 용기로, 또 어떤 이는 머리와 꾀로, 밀고 당기고 치고 빠지며 천하를 종횡합니다.

어렵고 긴 내용을 경쾌하게 만날 수 있다는 것이 만화의 장점입니다. 한 권에 수백 쪽이 넘는 활자책을 이백여 쪽의 시각 조형으로 구성하는 일은 제한된 지면의 절대 공간과 싸우는 일이었습니다. 《삼국지》를 만화로 만드는 과정은 원작의 큰 줄기를 살리고 곁가지들을 솎아 내는 일이기도 하였습니다. 나관중 원작에서 벗어난 부분을 살피고, 중국 민중들 사이에서 입으로 전해지는 에피소드를 일부 보탰습니다.

흔히 《삼국지》를 세상살이를 읽는 책이라고 합니다. 세상을 살아가며 사람 사이의 관계를 헤아리고 자신을 돌아보며 성찰을 이끌어 내는 내용이기 때문일 것입니다. 한 번쯤 읽어야 할 고전이며 한 번쯤 걸어야 할 길이라는 의미이기도 합니다. 《이희재 삼국지》는 아이와 부모가 함께 읽을 수 있는 책으로, 부모들이 먼저 읽고 자녀들에게 권하는 만화입니다. 《삼국지》의 무대 속으로 들어가 시간 여행을 하기 바랍니다.

2016년 7월
이희재

등장인물

유비·관우·장비
아직은 힘이 미약하지만 여러 군웅 사이에서 자신들의 세력을 키워 나간다.

조조
강력한 적수인 원소와 관도에서 맞붙으며 패권을 향해 달려간다.

곽가
뛰어난 혜안과 지략으로 조조에게 큰 힘을 준다.

조자룡
상산 사람으로, 유비를 따르며 큰 활약을 펼친다.

장료
처음에는 여포의 부하였다가 조조의 밑으로 들어간다.

허유
원소의 신임을 얻지 못하자 배신하고 조조의 편을 든다.

원소
70만 대군을 이끌고 관도에서 조조와 대격돌을 벌인다.

원담·원상
원소의 아들들로, 원소가 죽은 후 서로 대립한다.

유표
무시할 수 없는 세력가. 형주를 다스리고 있다.

손책·손권
손책은 강력한 지도력을 발휘해 강동을 발전시킨다. 손권은 주유 등 여러 인재들의 도움을 받으며 서서히 주 무대로 올라설 준비를 시작한다.

차례

작가의 말   4
등장인물   6

제1장	적은 안고 거친 혀는 내치네	11
제2장	살아도 죽어도 한의 충신	35
제3장	세 갈래로 흩어진 형제	53
제4장	관우, 조조의 그늘 아래로	75
제5장	길을 막는 장수들, 관우의 칼 아래로	99
제6장	삼 형제 다시 뭉치고 조자룡까지	119
제7장	장강에 떠오르는 젊은 영웅	141

제8장	관도 대전	161
제9장	형주에 몸을 기대다	183
제10장	원소의 영역도 조조의 발아래	201

■ 연표　　223

■ 일러두기
- 이 책에서 말하는 《삼국지》는 진수가 쓴 정사 《삼국지》가 아니라 나관중이 지은 소설 《삼국지연의》를 뜻합니다.
- 《삼국지》에는 유비·조조처럼 성과 이름으로 부르는 경우와, 현덕(유비)·맹덕(조조)처럼 자로 부르는 경우가 뒤섞여 있습니다. 상대방을 이름으로 부르는 것은 자신보다 지위가 낮거나 어린 사람인 경우, 또는 싸움에서 상대를 무시할 때 등이고, 보통은 이름 대신 자를 부르는 것이 관례입니다. 이 책에서는 공명(제갈량)이나 자룡(조운)처럼 자가 널리 알려진 몇몇 인물만 자와 이름을 혼용하여 썼고, 그 외 인물 대부분은 혼란을 줄이기 위해 성과 이름으로 표기했습니다.
- 지명은 〈외래어 표기법〉 대신 소설에서 널리 쓰인 관용 표기를 따랐습니다. 예를 들어 洛陽을 뤄양이라 하지 않고 낙양처럼 우리 한자음 읽기를 하였습니다.
- 이 책에 실린 지도와 연표는 《삼국지》의 이해를 돕기 것으로 실제 역사와는 차이가 있습니다.

제1장

三國志

― 적은 안고 거친 혀는 내치네

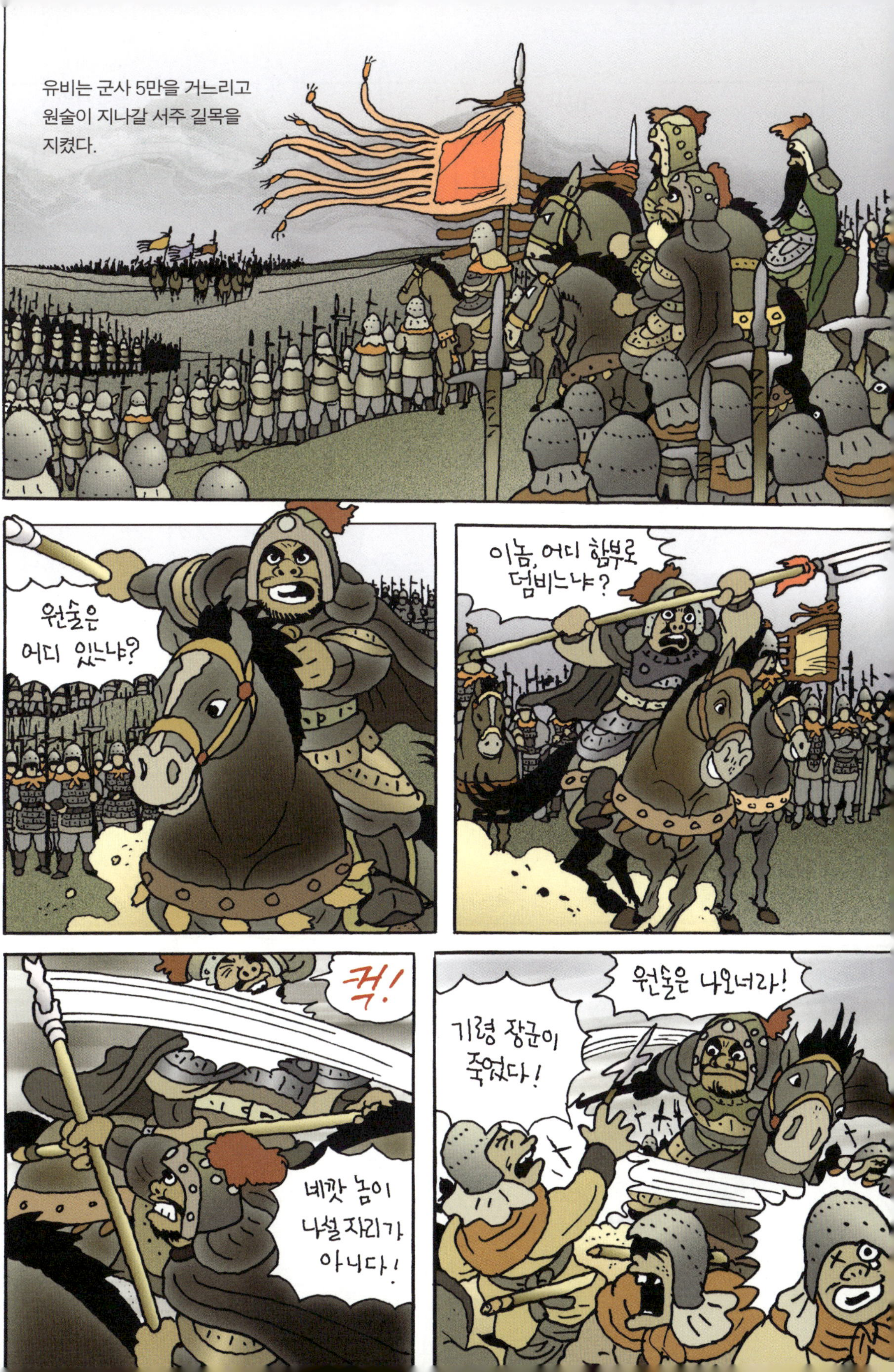

유비는 군사 5만을 거느리고 원술이 지나갈 서주 길목을 지켰다.

분함을 이기지 못한 원술은 피를 한 말이나 토하고 죽었다.
천하를 손안에 쥐겠다는 야심으로 한때나마 황제를
칭했던 원술의 말로치고는 너무나 초라했다.

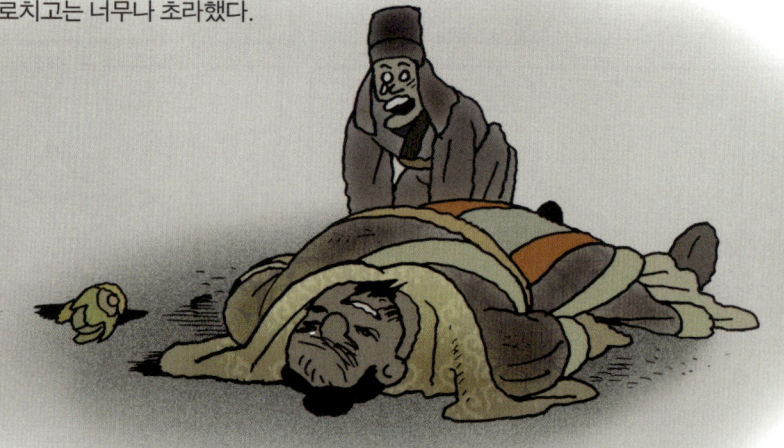

이상하구나. 조조는 원소와 대치하고 있다던데 어째서 승상기가 나부끼는 거지?

서주성

조조는 본래 속임수를 잘 쓰는 자입니다. 자신은 여양 땅에 머물면서 원소와 싸우고, 승상기는 이곳에다 세워 자기가 온 것처럼 허세를 부리는 겁니다.

어찌 된 일인지 제가 나가서 알아보겠습니다.

제2장

三國志

― 살아도 죽어도 한의 충신

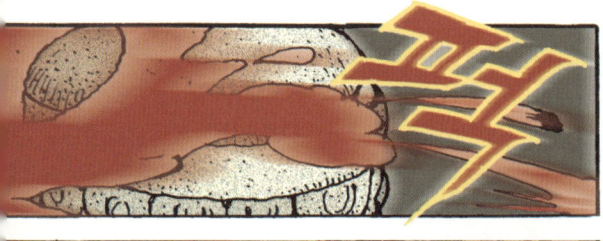

이 일에 연루되어 죽은 자가
칠백이 넘었다.

그 후, 조조는 군사 3천을 뽑아 조홍으로 하여금 궁궐을 지키게 했다.
다시는 황제가 외부 세력과 결탁되는 일이 없도록
하기 위해서였다.

제3장

三國志
— 세 갈래로 흩어진 형제

지금이야말로 유비를 칠 때입니다.

껄껄껄. 내 생각이 곽가와 같다!

출정이다!

구렁이 유비 놈의 버릇을 고쳐 주겠다!

둥 둥 둥 둥

전군은 다섯 부대로 나누어 서주로 진격하라!!

조조는 병사를 아홉 부대로 나누어, 한 부대만 진채에 남기고 나머지는 사방에 매복시켜 놓았다.

역시~ 파수꾼도 얼마 없고, 다들 곯아떨어졌군.

적진으로 돌격!

군사를 물려 달라고?

틈을 타서 달아날 것입니다!

안 됩니다. 놈의 속임수입니다.

힘들여 잡은 호랑이를 송두리째 놓아주시렵니까?

군사들을 십 리 밖으로 물리게!

관우는 믿음을 저버릴 사람이 아니다. 너무 걱정하지 말라!

승상!

충성과 의리를 생명처럼 좇는 관우와, 넓은 도량을 보여 담대함을 드러낸 조조…. 두 사람의 인연은 새로운 국면으로 접어들었다.

제4장

三國志

관우, 조조의 그늘 아래로

• **전포** 장수가 입는 긴 웃옷.

그럼, 이만 물러가 보겠습니다.

천한 몸이 무거워 말이 살이 붙질 못합니다.

저런! 관 공 같은 장수가 이런 말을 타서야 되겠소?

그런데 공의 말이 어째서 이렇게 야위었소?

여봐라, 마구간에서 그 말을 꺼내 오거라.

예.

아니!

이 말을 알아보겠소?

이건 여포가 탔던 적토마가 아닙니까?

두두두두

어—

엇!

챙!

• **회피패** 주인이 손님을 만나고 싶지 않을 때 내거는 팻말로, 회피패가 걸려 있으면 방문자는 그냥 돌아가는 것이 예의다.

제5장

三國志

― 길을 막는 장수들, 관우의 칼 아래로

관우가 그다음 지나야 할 관문은 기수관과 형양이었다. 관우는 막아서는 변희와 왕식을 힘으로 제압하고 길을 열어 나갔다.

관우는 다섯 관을 지나며 여섯 장수를 베고 천 리의 적지를 지났다. 이일을 일컬어 '관우의 오관돌파'라고도 하고, 말 한 필로 천 리를 갔다 하여 '단기천리'라고도 한다.

제5장 길을 막는 장수들, 관우의 칼 아래로

조조의 영토를 벗어난 관우는 유비가 있다는 여남으로 발걸음을 재촉했다.

제6장

三國志

삼 형제 다시 뭉치고 조자룡까지

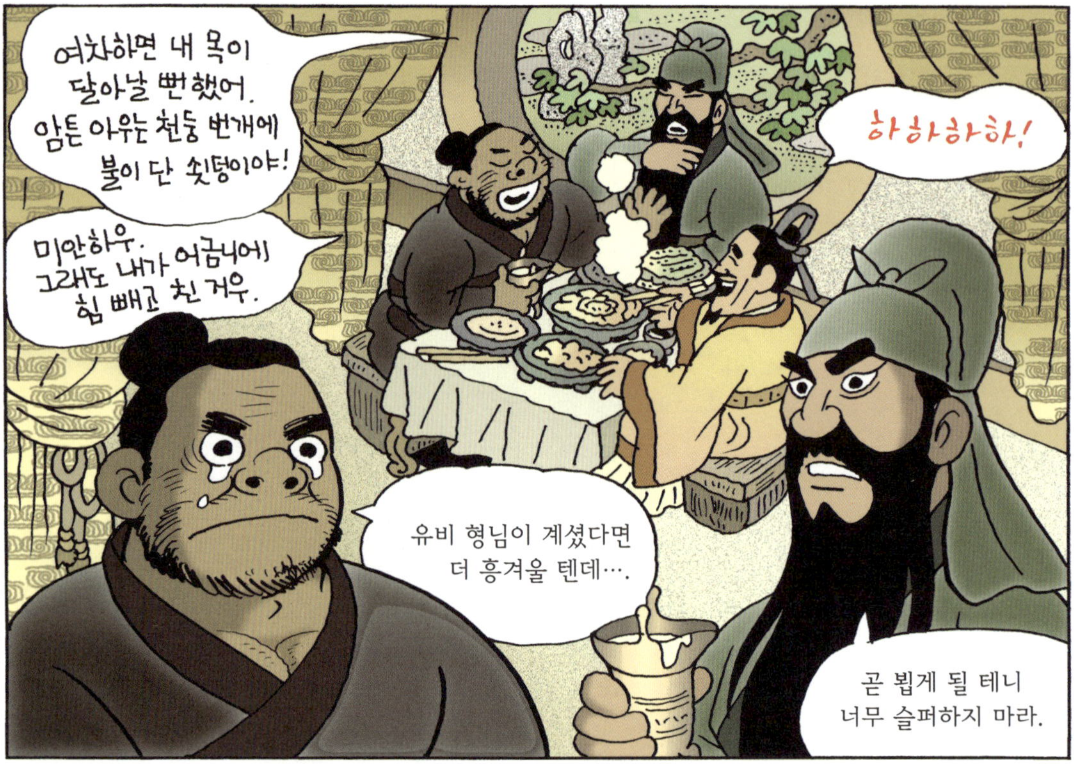

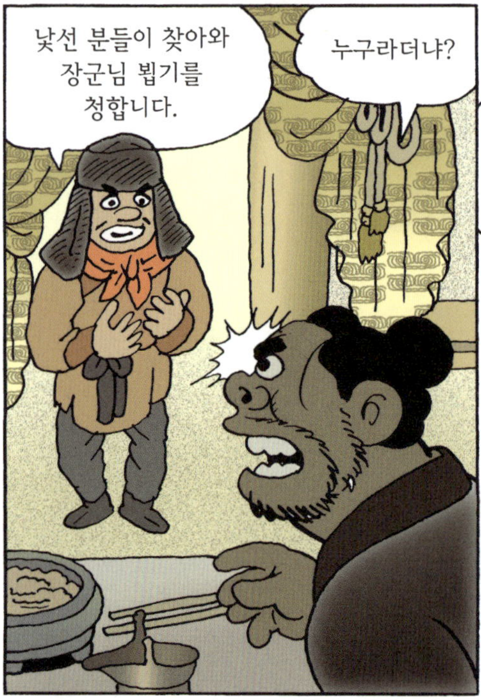

미축과 미방 형제는 장비의 소문을 듣고 고성으로 찾아왔다.

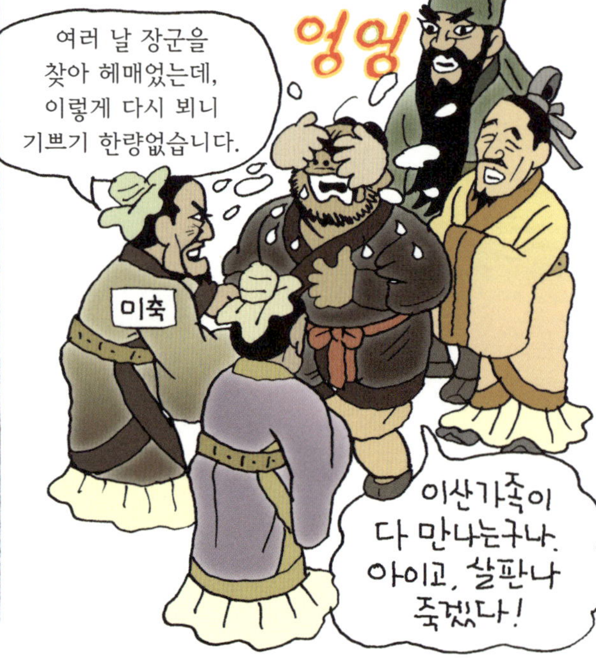

다음 날, 하북을 떠나기로 마음먹은 유비는 아침 일찍 원소를 찾아갔다.

형주의 유표는 그 군사가 날래고 곡식도 넉넉합니다. 마땅히 그와 동맹을 맺어 함께 조조를 쳐야 할 것입니다.

나는 전에 유표에게 동맹을 청했다가 거절 당했소. 헌데 무슨 수로 유표와 힘을 합친단 말이오?

저와 유표는 종친이니 제가 가서 달랜다면 망설이지 않고 공께 올 것입니다.

오호, 그렇다면!

어서 유표에게 갔다 오시오. 일이 성사되면 크게 보답하리다.

참, 관우가 조조를 떠나 하북으로 오고 있다던데, 공도 알고 계시오?

예?

제7장

三國志

장강에 떠오르는 젊은 영웅

기가 오른 손책은 한 걸음 더 나아가 대사마 벼슬을 요구하였다.

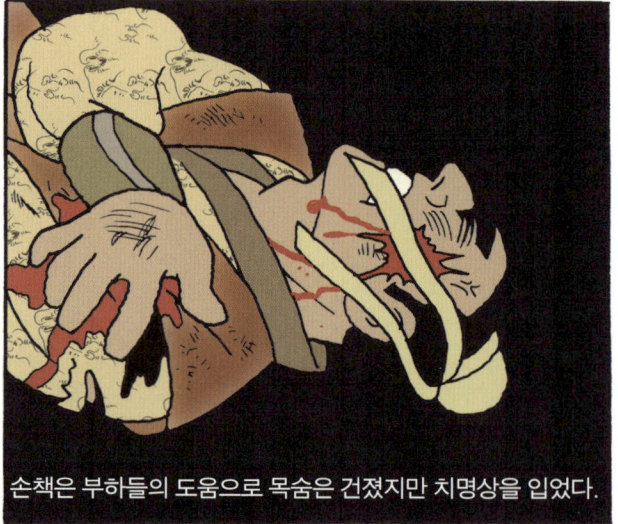

웅성웅성-

무슨 일이냐?
우길이란 신선이 이곳을 지나가고 있습니다.

와 왕
웅성 웅성

백성들의 마음을 저토록 사로잡다니….
신선을 자처하는 자치고 허울을 쓰지 않은 자가 없었다.

저 요망한 늙은이를 당장 잡아 오너라.

• **순제** 후한의 제8대 황제로, 125년에 열한 살의 나이로 황위에 올랐다.

손책을 보필하던 이들은 하나같이
동오의 새 주인인 손권을 중심으로 받들었다.

허도에 있다 이제야 돌아왔습니다.

장굉, 어서 오시구려.

주공, 허도에서 가져온 선물입니다.

장군 벼슬에 회계 태수까지….

조조가 날 달래려고 수를 쓰는구나.

제8장

三國志

관도 대전

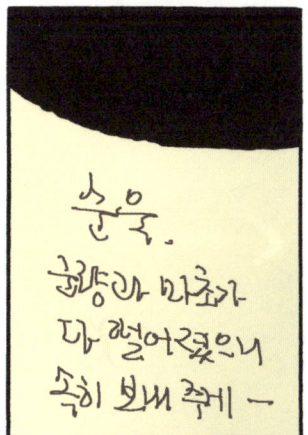

제9장

三國志

— 형주에 몸을 기대다

• **구리산 싸움** 유방과 항우가 구리산에서 벌인 싸움이다. 이곳과 해하에서 승리한 후 유방은 황제의 자리에 오른다.

제10장

三國志
― 원소의 영역도 조조의 발 아래

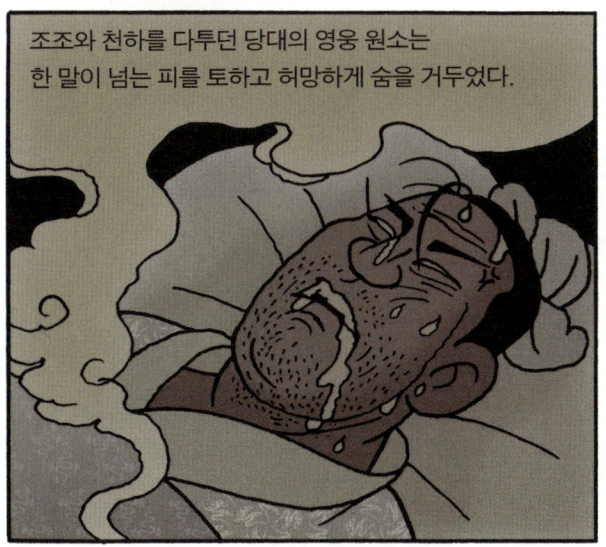

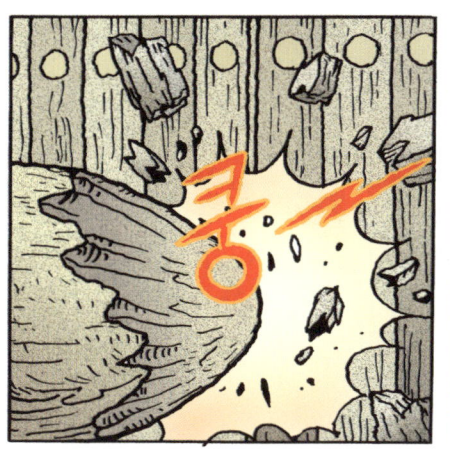

제10장 원소의 영역도 조조의 발아래

• **순임금** 고대 중국의 전설상 임금으로, 요임금의 뒤를 이어 천하를 잘 다스려 태평 시대를 이루었다고 한다.

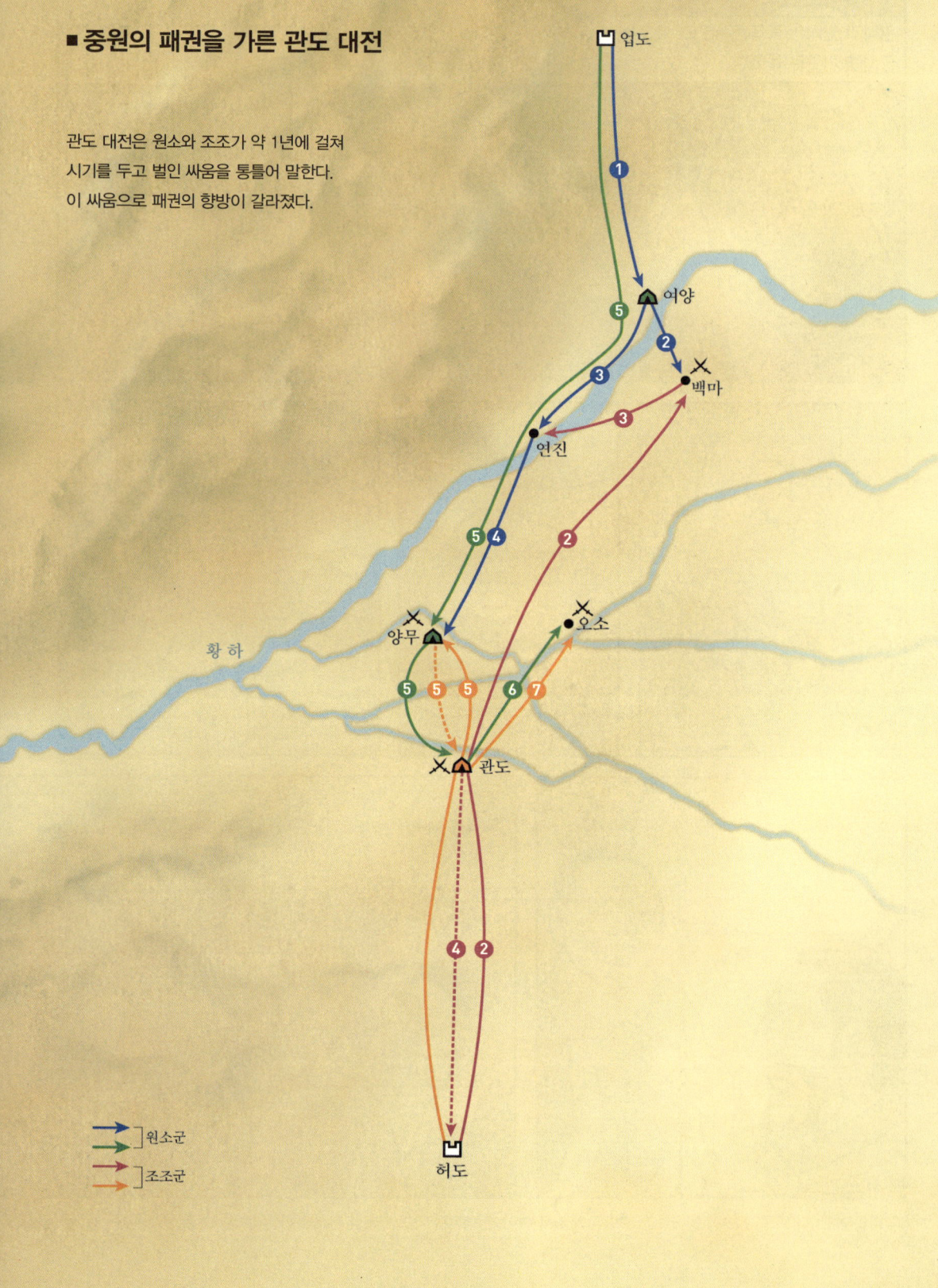

199년~200년

원술이 원소에게 합류하지 못하도록 하겠다고 조조를 설득하여 군사를 얻은 유비는 조조의 그늘에서 벗어난 후 서주를 장악한다.
헌제의 밀서를 받은 동승에 가담하는 등 유비의 행태에 분노한 조조는 유비를 공격해 크게 이긴다. 유비는 원소에게 도망치고 관우는 두 형수를 지키기 위해 조조에 항복한다. 이 과정에서 장비 또한 생사를 알 수 없게 된다. 유비는 원소를 부추겨 조조를 공격하게 한다.

① 원소가 안량을 선봉으로 삼아 백마를 향해 군사를 보낸다. 원소군이 여양에 이르렀을 때 동군 태수 유연이 조조에게 위급함을 알린다.

② 조조는 직접 군사를 이끌고 백마로 가서 진을 친다. 조조는 여포의 수하 장수로 있다가 투항한 송헌을 보내 안량과 맞서게 했으나 송헌은 안량의 적수가 되지 못한다. 이어 나선 서황 역시 패하고 만다. 결국 관우가 출전하여 안량을 베어 넘긴다.

③ 원소군 문추가 연진 쪽에 진을 치고 있다는 소식을 들은 조조는 군량과 마초를 일부러 연진으로 보낸다. 문추의 군사들이 군량과 마초를 실은 수레를 빼앗으려고 달려들면서 군진이 흐트러지자 이 틈을 노린 조조군이 문추의 군사들을 친다. 이 싸움에서 관우는 문추를 베어 다시 공을 세운다.

④ 원소는 군사를 양무로 옮겨 수십 리에 걸쳐 진채를 세우도록 한다. 조조 역시 하후돈에게 관도를 지키게 하고 허도로 돌아가면서 싸움은 소강상태에 빠진다.

⑤ 조조는 손책의 뒤를 이은 손권을 장군으로 봉하고 회계 태수를 겸하도록 하여 자신의 세력권으로 흡수하려 한다. 이런 사실에 분노한 원소는 70만 대군을 일으켜 양무에 병력을 집결시킨다. 조조는 순욱에게 허도를 지키게 하고 7만의 병력을 소집해 원소군과 맞붙지만 패하고 관도로 후퇴한다. 원소는 이들을 쫓아 관도 앞에 진을 친다.

⑥ 조조는 원소의 군량 수레 수천 대를 불태운다. 이에 원소는 대장 순우경을 보내 군량을 쌓아둔 오소를 지키도록 한다.

⑦ 모사 허유가 원소를 배신하고 조조에게로 가서 오소를 칠 계책을 일러 준다. 조조는 원소군으로 위장하고 오소를 공격한다. 술에 취한 순우경은 제대로 방어를 하지 못하고 코와 귀, 손가락 등을 잘린다. 군량을 크게 잃은 원소군은 조조군의 파상적인 공격을 막지 못하고 대패하고 만다.

■ 관우의 오관돌파

안량과 문추를 베며 공을 세운 관우는 유비의 행방을 알자마자 조조의 곁을 떠나려 한다. 조조는 관우를 붙잡으려 하나 끝내 자신의 품에 둘 수 없음을 알고 전포를 선물하며 그를 떠나보낸다. 조조의 장수들은 관우를 저지하기 위해 힘을 쏟지만 관우의 청룡언월도 앞에서 속수무책으로 당하고 만다. 이를 다섯 개의 관을 돌파했다고 해서 '관우의 오관돌파'라고 하기도 하고, 다섯 관을 지나며 여섯 장수를 베었다고 해서 '과오관참육장(過五關斬六將)'이라고도 한다.

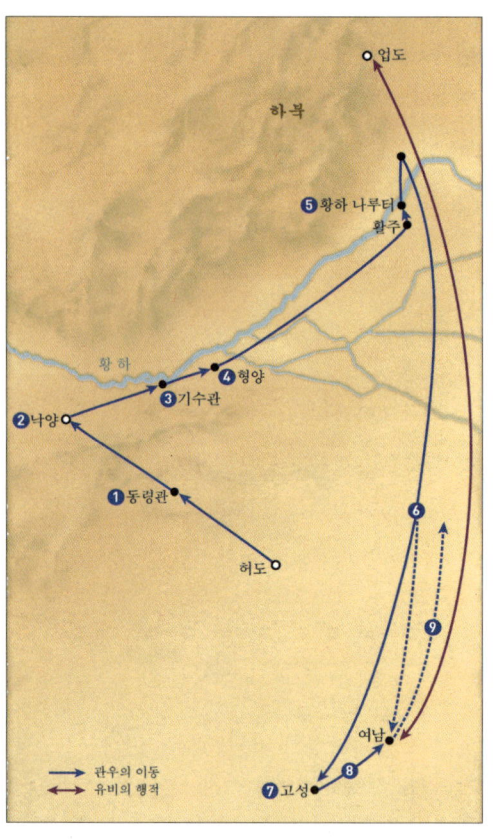

관 이름	상대 장수
❶ 동령관	공수
❷ 낙양	한복·맹탄
❸ 기수관	변희
❹ 형양	왕식
❺ 황하 나루터	진기

❻ 황하에서 진기를 물리친 후 손건을 만나 유비가 여남으로 간 사실을 알게 되어 그곳으로 향한다.

❼ 여남으로 가던 도중 고성에서 우연히 장비와 해후한다.

❽ 손건과 함께 여남으로 갔지만 유비가 다시 원소에게 갔다는 사실을 알고 하북으로 발길을 돌린다.

❾ 하북으로 가던 중 다시 원소 곁을 떠난 유비와 관정의 집에서 극적으로 만나게 된다.

지도에서 알 수 있듯 관우가 유비를 만나기 위해 업도로 가려면 북쪽으로 방향을 잡으면 된다. 하지만 관우는 서북쪽인 낙양으로 갔다가 다시 동북쪽인 활주를 거쳐 황하를 건너는 행로를 택한다. 이후 다시 유비가 몸을 옮겼다는 여남을 향해 머나먼 길을 떠돈다. 이해하기 쉽지 않은 여정을 통해 짐작할 수 있듯 '오관돌파'는 관우의 용맹과 의리를 돋보이게 하려는 창작의 결과다. 물론 관우가 조조에게 사로잡혔다가 유비에게 돌아간 것은 정사에 기록되어 있다. 이 일과 관련하여 관우가 안량을 죽인 것은 맞지만, 문추를 죽인 것은 또 사실이 아니다. 이처럼 연의로 된 《삼국지》에는 사실과 허구가 뒤섞여 있다.

■ 연표

199 원술이 죽다.
유비에게 패한 원술은 수춘성으로 도망치다가 병사하고, 조조는 원술이 갖고 있던 전국옥새를 얻는다.

조조가 유비를 공격하다.
유비가 서주를 차지하자 조조는 부하 장수인 왕충과 유대를 시켜 유비를 공격하지만 오히려 관우와 장비가 이들을 사로잡는다.

200 조조가 검을 빼들다.
동승과 은밀히 내통한 의원 길평이 조조를 독살하려다 실패하면서 헌제의 밀서가 드러난다. 조조는 동승·왕자복·충집·오석·오자란 등 자신에 맞선 세력을 처단하고 헌제의 후궁인 동 귀비마저 동승의 여동생이라는 이유로 죽인다. 유비와 마등도 조조 제거에 가담했지만 이때는 다른 곳에 있어서 조조의 검을 피한다.

삼 형제가 흩어지다.
분노한 조조의 공격을 받고 소패성에서 패배한 유비는 홀로 원소에게 피신한다. 이 와중에 관우는 두 형수를 지키기 위해 조조에게 항복하고 장비는 행방을 알 수 없게 된다.

백마 전투
원소는 조조를 치기 위해 안량을 선봉장으로 삼아 백마로 진격한다. 이에 맞서 관우가 안량을 베어 넘긴다. 격분한 원소는 맹장 문추를 보냈으나 역시 관우의 칼 아래 죽고 만다.

관우, 오관을 돌파하며 여섯 장수를 베다.
조조의 객장으로 있으면서 안량과 문추를 베는 등 큰 공을 세운 관우는 조조에게 진 빚을 갚았다고 생각하고 유비를 찾아 떠난다. 이에 각 관을 지키는 조조의 장수들이 막아서지만 관우를 당해 내지 못한다. 관우는 다섯 개의 관을 통과하며 여섯 장수를 베는 용맹을 떨친다.

손책이 죽다.
강동에서 기반을 닦던 손책이 젊은 나이로 죽고 동생 손권이 뒤를 잇는다. 손권은 명장 주유 등과 힘을 합치면서 점차 세력을 키워 나간다.

관도 대전
원소가 대군을 일으켜 조조를 치기 위해 관도를 향해 달려간다. 수적으로 불리한 조조는 수세에 몰리지만 원소의 모사 허유의 도움으로 군량 기지인 오소를 불태우며 전세를 뒤집는다.

201 조조가 원소를 다시 제압하다.
창정에서 다시 원소를 제압한 조조는 관도 지역을 완전히 장악하게 된다.

유비가 유표에게 의탁하다.
유비가 여남에서 조조의 공격을 받고 쫓기다 유표에게 의탁한다.

202 원소가 죽다.
원소가 죽자, 셋째 아들 원상이 뒤를 잇는다. 이에 반발한 큰아들 원담이 군사를 일으켜 원상과 대립한다.

203 원담이 조조에게 항복하다.
원담이 원상과의 싸움에서 불리해지자 조조에게 항복한다.

204 조조가 업성을 포위하다.
조조가 업성을 함락시킨다. 이로써 조조는 기주를 평정한다.

207 곽가가 죽다.
조조가 오환을 대파한다. 원상은 작은형 원희와 함께 요동으로 도망치지만 요동 태수 공손강에게 죽임을 당한다. 이 싸움에서 조조는 승리를 얻었으나 충실한 모사 곽가를 잃고 만다.

연표 223

이희재 **삼국지 4** 관도에서 갈린 운명

1판 1쇄 발행일 2016년 9월 5일
1판 2쇄 발행일 2025년 9월 22일

글·그린이 이희재
원작 나관중
만화 어시스트 오현 유지호(구성), 유병윤 장모춘(데생), 고은미 지혜경(채색)

발행인 김학원
발행처 (주)휴머니스트출판그룹
출판등록 제313-2007-000007호(2007년 1월 5일)
주소 (03991) 서울시 마포구 동교로23길 76(연남동)
전화 02-335-4422 **팩스** 02-334-3427
저자·독자 서비스 humanist@humanistbooks.com
홈페이지 www.humanistbooks.com
유튜브 youtube.com/user/humanistma
인스타그램 @humanist_insta

편집 위원석 고홍준 이혜인 **디자인** 김태형 최우영 박인규
조판 프린웍스 **용지** 화인페이퍼 **인쇄** 삼조인쇄 **제본** 민성사

ⓒ 이희재, 2016

ISBN 978-89-5862-151-5 07910
ISBN 978-89-5862-158-4 (세트)

• 이 책은 저작권법에 따라 보호받는 저작물이므로 무단 전재와 무단 복제를 금합니다.
• 이 책의 전부 또는 일부를 이용하려면 반드시 저자와 (주)휴머니스트출판그룹의 동의를 받아야 합니다.